MÁS ALLÁ DEL FUTBOL

El Escenario del Mundo

Rich Daughtridge

Más allá del fútbol: El Escenario del Mundo

Publicado originalmente bajo el titulo *Beyond Soccer: The World Stage,* copyright © 2007 por Rich Daughtridge.

McDougal Publishing es un ministerio de la Fundación McDougal, Inc., una corporación sin fines de lucro, dedicada a propagar el Evangelio de nuestro Señor Jesucristo a tanta gente como fuese posible y en el menor tiempo posible.

Publicado por:

McDougal Publishing
PO Box 3595
Hagerstown, MD 21742-3595
www.mcdougalpublishing.com

ISBN 978-1-58158-197-3

Impreso por demanda en los Estados Unidos, el Reino Unido y Australia para su distribución mundial

Contenido

Limpieza de Botines

Juan 13:4-5—*"así que se levantó de la mesa, se quitó el manto y se ató una toalla a la cintura. Luego echó agua en un recipiente y comenzó a lavarles los pies a sus discípulos y a secárselos con la toalla que llevaba a la cintura."*

Entre la mayoría de las organizaciones profesionales de fútbol alrededor del mundo, el noviciado, a menudo jugadores jóvenes del club, llevarán a cabo la tarea de limpieza y lustrado de los botines de los jugadores de la Primera División. A niveles más altos es un supuesto galardón por el hecho de ser un profesional.

En este día, algunos de los jugadores llegaron al estadio más temprano que lo esperado y comenzaron sus rutinas de preparación para el gran partido por venir. Un jugador echó una mirada a su casillero quedando impresionado al ver sus botines no alineados como en partidos anteriores. Furioso, exclamó: "¿Dónde están mis botines? ¡Cómo es posible que no tengan nuestros botines listos!". Otros pocos siguieron el ejemplo y comenzaron a quejarse.

Pasaron treinta minutos y más jugadores entraron a los camerinos. Rápidamente se unieron al descontento de la desagradable realidad de que "¡sus botines aún no estaban listos!". El murmullo de disgusto continuó entre los jugadores. "¿Cómo pudo suceder esto? ¡Somos profesionales!"

Había sido una semana larga de práctica pensando el porqué fueron derrotados el pasado fin de semana y el entrenador había exigido un alto grado de concentración y agrupación de sus jugadores. Se cambiaron las estrategias, se instó a los jugadores a "mejorar su juego", y su estado físico "no sería una razón para perder partidos".

Diez minutos antes de la salida tradicional al terreno de juego para realizar los calentamientos, el entrenador irrumpió a través de la puerta empujando un carro de compras lleno de lustrosos botines. Su corbata estaba corrida y floja, su camisa de vestir lucía arrugada y manchada de sudor, un trapo pendía de su hombro… los jugadores quedaron estupefactos. "Muchachos, los chicos que normalmente limpian vuestros botines tuvieron un accidente en la carretera camino al estadio. Están bien, gracias a Dios, pero no lo lograron. Vengan, tomen sus zapatos. Bien, escuchen, este es nuestro plan de juego…"

Parte del liderazgo es servir. Como Jesús, todos debemos recordar la efectividad de nuestra humildad para un propósito supremo.

Jesús el máximo entrenador y condujo por medio del ejemplo. El día que lavó los pies de sus discípulos, su equipo, también supo que era el día que debía morir por los pecados de toda la humanidad. Su acto de humildad y sacrificio fue un símbolo de amor en medio del caos y la tragedia. Bajo el estandarte del Cristianismo, Sus seguidores duplicarían ese mismo ejemplo de amor alrededor de todo el mundo.

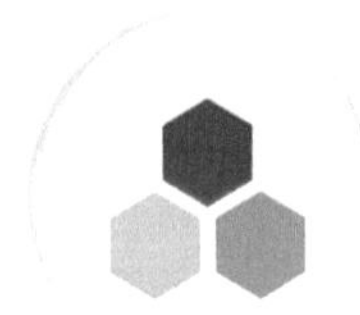

Fútbol Bajo La Niebla

Proverbios 6:22 *"Cuando camines, te servirán de guía; cuando duermas, vigilarán tu sueño; cuando despiertes, hablarán contigo."*

En el año 1945 algo muy inusual sucedió en un partido entre el Arsenal y el Dynamo de Moscú. Una densa niebla cubrió el campo de juego, pero el árbitro rehusó cancelar el partido dado que el equipo visitante había realizado el largo trayecto desde Moscú. El partido rápidamente se convirtió en un desastre. Un jugador del Arsenal fue expulsado por pelear, pero regresó nuevamente entre la niebla. El Dynamo sustituyó un jugador, pero nunca envió al anterior fuera del campo de juego y se estimó que realmente hubo hasta 15 jugadores en el campo al mismo tiempo. Debido a la niebla, nadie pudo realmente ver el total. El último incidente extraño sucedió cuando el portero del Arsenal se desorientó bajo la niebla y corrió hacia el poste del arco golpeándose y quedando inconsciente. Fue sustituido por un miembro de la multitud.

¿Te has sentido alguna vez como si estuvieses envuelto en una niebla «espiritual", teniendo gran dificultad en visualizar el camino que Dios te ha llamado a transitar o en no saber qué estuviese sucediendo en la vida a tu alrededor?

Solamente el sol disipa la neblina y del mismo modo únicamente el Hijo puede despejar la niebla "espiritual".

La niebla "espiritual" puede ser causada por el pecado, la falta real de una relación con Jesucristo o solamente por las cosas que la vida te ha puesto por delante.

¿Deseas tú ver claramente, o ayudar a tus amigos a ver claro? Encamínate a Dios en oración y busca Su palabra "niebla" que hace difícil para ti ver. Sigue sus mandamientos. Pon toda tu confianza en El.

Los pilotos pueden volar a través de la niebla o en la oscuridad por medio de sus instrumentos, tú puedes vivir a través de la "niebla" poniendo tu confianza en un Dios de amor y en Su palabra, la Biblia.

Aficionado en Libertad

Transcurría el año 1946. Ubicación: Burnden Park, Bolton, Inglaterra. Era un partido bien anticipado de la Copa FA entre el equipo local, el Bolton Wanderers y el equipo visitante, el Stoke City. El partido consistía en un desempate de seis vueltas en la búsqueda de la codiciada Copa FA.

En este día, Frank Jubb se encaminó sonriente entre la multitud. Estaba disfrutando de su nueva libertad y del simple placer de observar un gran partido de fútbol una vez más. Siete semanas antes, el Sr. Jubb estuvo sirviendo en la Royal Artillery y había servido durante la Segunda Guerra Mundial, pasando tres largos años en un campo de prisioneros de guerra. Ahora había regresado a Bolton para continuar con su trabajo en una empresa constructora. Un pasado agitado, pero en este día el futuro semejaba un sueño placentero.

Diez minutos comenzado el partido, Stanley Matthews, la estrella del Store City evocó más tarde, "...teníamos razón en sentir confianza porque estábamos haciendo lo mejor del partido. ¡Luego sucedió!. Hubo un terrible estruendo entre la multitud y una mirada sobre el hombro me indicó a miles de aficionados viniendo desde las galerías detrás de la portería hasta el campo de juego." Los cálculos que se publicaron más tarde señalaron que 65.000 hinchas habían ocupado el estadio construido sólo para 45.000, y como resultado, una sección de la barrera de contención colapsó causando una estampida masiva y violenta.

Frank Jubb falleció ese día como resultado de la tragedia del estadio. Había luchado por la libertad durante todos esos años y sobrevivido como prisionero de guerra. Ahora, siete semanas más tarde, le sobreviene una muerte sin sentido durante un partido de fútbol.

La cruda realidad es... todos moriremos algún día. Luego la interrogante es: ¿Dónde te gustaría pasar la eternidad? Puede transcurrir cada semana en que realicemos la misma actividad todos los días, pero hacía dónde nos conduce? ¿Cuál es el resultado del partido? Tómate un momento para reflexionar sobre tu vida. Si no has considerado llegar a ser un cristiano, considéralo ahora. Si tienes la necesidad de volver a comprometer tu vida a Jesucristo, hazlo ahora. Camina "risueño" a través de la vida, sabiendo que existe un propósito más grande que lo que esta vida tiene que ofrecer.

Juventud Brasilera

1 Timoteo 4:12 *"Que nadie te menosprecie por ser joven. Al contrario, que los creyentes vean en ti un ejemplo a seguir en la manera de hablar, en la conducta, y en amor, fe y pureza."*

¿Qué edad tienes en este momento? ¿Qué nivel de experiencia has logrado para tu edad?

Imagínate que eres un joven adolescente y lo suficientemente bueno para jugar profesionalmente. Los Estados Unidos tienen a Freddie Adu, de dieciséis años. Brasil tiene a Maicon Vinicius da Cruz, de trece años, conocido como Nikao. El club Holandés PSV Eindhoven obtuvo el derecho para contratarlo. También hubo interés por parte del CF de Barcelona y del Moscú CSKA de Rusia. Podrá ser elegible para transferencia cuando cumpla los dieciséis años de acuerdo a la ley brasilera. Nikao es el segundo jugador joven de Brasil en recibir interés por parte de equipos europeos.

Un chico de nueve años llamado Jean Carlos Chera tuvo varios equipos, incluyendo el Manchester United, que contactaron con su club en Brasil.

Estos jugadores so tan buenos a temprana edad que están recibiendo interés de grandes clubes. Son buscados por todos los jugadores jóvenes (y mayores) que los rodean.

De forma similar, tú deberías ser buscado por los jóvenes y mayores que te rodean, por tu carácter, fe y testimonio. La palabra de Dios nos dice que seamos ejemplos en estas áreas. Sin considerar lo bueno que fueses en la cancha de fútbol, Dios desea que tú des la mejor impresión en el juego de la vida. El desea que otros puedan verlo a El en ti y ser atraídos por lo que ven. En tu juventud, ¿Para quién puedes ser un ejemplo hoy día? ¿A quién puedes señalar a Cristo esta semana? ¿Quién necesita ver a Dios en ti?

Hombres Comunes

1 Samuel 16:7 *"No te dejes impresionar por su apariencia ni por su estatura, pues yo lo he rechazado. La gente se fija en las apariencias, pero yo me fijo en el corazón."*

Entonces, ¿Cómo tu hijo comenzó a jugar al fútbol?

"Bueno, tú sabes, Ben. El deseaba practicar un deporte. Pero es demasiado bajo para el básquetbol, no lo suficientemente voluminoso para el football americano, no lo suficientemente fuerte para la lucha. Creo que llegó al fútbol porque es tan... común."

Eso parece ser el común denominador para mucha gente, ¿no es cierto? Mira alrededor del próximo partido de jóvenes que asistas. ¿Qué ves? Chicos, chicas, algunos bajos, unos altos, algunos más rápidos, otros más lentos, algunos delgados, otros fornidos... Simplemente, muchachos corrientes.

Hasta que pisan el campo. De pronto, estos muchachos de apariencia promedio, se funden en equipos, trabajan juntos, arrancan con energía y entusiasmo. El fútbol parece poseer un a forma de extraer esa emoción y sentido de propósito en sus jugadores.

El equipo de Dios es muy similar a eso. Dios escoge gente común, corriente, gente diaria para hacer Su trabajo. Los discípulos de Jesús fueron los pescadores, el recaudador de impuestos, el doctor, el activista político. Juntos, fueron usados por Dios para cambiar el mundo.

En cualquier ocasión en que nos sintamos abatidos por la vulgaridad de la vida, necesitamos permitirle a Jesús recordarnos que estamos justamente donde El desea que estemos. El mira allá de la apariencia externa para ver nuestros corazones. Y si le preguntamos a El, usará esos corazones para ayudar a cambiar e l mundo... para El.

La Estigma Saudita

1 Tesalonicenses 5:11 *"Por eso, anímense y edifíquense unos a otros, tal como lo vienen haciendo."*

Después del empate de Hungría con Arabia Saudita en un partido jugado en Turquía, el Primer Ministro Húngaro, Ferenc Gyurcsany, hizo un comentario inexcusable, aludiendo que el equipo Saudita tenía "muchísimos terroristas" en su equipo. Se le citó haber dicho: "Pienso que había muchísimos terroristas también entre los jugadores de fútbol Saudita, y nuestros hijos lucharon con gran valentía desafiante frente a estos terroristas, por consiguiente, un alejamiento de casa es un resultado fantástico".

Más tarde, él se disculpó aludiendo que había sido solamente una broma, pero a pesar de todo, nunca debió haberlo dicho.

Demasiado a menudo todos decimos cosas, con la esperanza de no ser tan drásticos como esto, que ofenden, hieren, rebajan, desprecian, y critican a la gente. Algunas veces decimos esas cosas de una manera jocosa y otras veces surgen de la frustración y de la ira.

Las cosas mezquinas, negativas, desalentadoras que decimos de la gente, a menudo las desaniman posteriormente provocándoles dolor y muchas veces alejamiento de Dios.

Las escrituras nos dicen que debemos alentarnos unos a otros. La vida es suficientemente dura. Cada persona que nos rodea tiene cosas de qué preocuparse personalmente. Algunas están buscando afanosamente respuestas acerca de la vida. Otras están buscando a Dios. ¿Por qué arriesgarse en herir a la gente diciendo o haciendo cualquier cosa que más adelante las desalentaría? Debemos mirar a nuestro alrededor y estar determinados a alentarnos unos a otros. Por qué no preguntarle a Dios hoy para que te señale a quién alentar y ayudar. Tú nunca sabes, ellos podrían necesitarlo realmente y tu estímulo podría ser algo que cambie sus vidas.

EL ESTADIO DE TU VIDA

2 Corintios 5:1 *"De hecho, sabemos que, si esta tienda de campaña en que vivimos se deshace, tenemos de Dios un edificio, una casa eterna en el cielo, no construida por manos humanas."*

El Estadio Maracaná en Río de Janeiro, Brasil, es el estadio de fútbol más grande del mundo con una capacidad para 180.000 personas. Se reportó que 199.000 espectadores estuvieron apretujados para ver la final de la Copa Mundial de 1950 entre Brasil y Uruguay. Uruguay ganó ese partido por 2 a 1.

El Estadio de Maracaná, cuyo nombre deriva del pequeño río que fluye junto a su estructura, es donde Pelé anotó su gol número 1.000. También es el hogar del renombrado club Flamingo.

Aunque esta estructura maciza continúa dominando el paisaje urbano de Río de Janeiro, sus días de gloria se han esfumado hace tiempo, salvo que exuberantes sumas de dinero se gastasen para restaurar muchas de las secciones estimadas inseguras e inservibles. En 1998, se realizaron restauraciones importantes bajo la autoridad de la FIFA, el cuerpo directivo del fútbol mundial, y su capacidad cuenta hoy con sólo 70.000.

En menos de 50 años, un estadio tal como éste, en toda su gloria e historia, está comenzando a desmoronarse. Toda la energía, tiempo y dinero que tomó construir... Ahora, ¿qué queda?

En la vida a menudo hacemos la misma cosa. Nuestro enfoque está en construir nuestras carreras, hacer dinero, triunfar en los negocios. Un día, tal vez a la edad de 50, cuando miras hacia atrás para ver lo que has construido, ¿es algo solamente material?, o ¿es algo con valor eterno?

Al igual que el pequeño río que continuamente fluye junto al Maracaná cada día, la vida fluye junto a todos nosotros. Tómate el tiempo para dar un paso hacia atrás y mirar tu vida. Considera tu estadio.

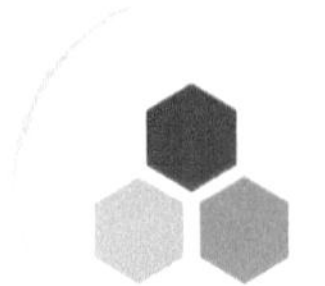

Un Grave Error

Romanos 6:23 *"Porque la paga del pecado es muerte, mientras que la dádiva de Dios es vida eterna en Cristo Jesús, nuestro Señor."*

Bobby Robson, dirigente del Newcastle, vio a Jason Euell jugando para el Wimbledo y quedó impresionado hasta el punto de interesarse en ir en su búsqueda. Al no acordarse de su nombre, Bobby pidió a su observador que averiguara acerca del "jovencito negro" que jugaba en la posición de delantero en el equipo sub-21 de Inglaterra.

Entretanto, Inglaterra cambió otro jovencito negro, Carl Cort, a la posición de delantero y cambió a Jason al mediocampo.

El observador le preguntó a Bobby si deseaba hacer una oferta por Carl, creyendo que él era el "jovencito negro" que Bobby había pedido que averiguase. Bobby respondió que sí y fijó la oferta en 7.5 millones de libras esterlinas.

Jason era un jugador bastante más talentoso que Carl e indudablemente valía los 7.5 millones de libras esterlinas que Bobby estaba deseando pagar, mientras que el valor de Carl no estaba ni cerca de esa cantidad. De tal manera que al recibir la oferta, Wimbledon no pudo firmar lo suficientemente rápido.

Pronto Bobby se dio cuenta que había cometido un tremendo error y comprado al jugador equivocado.

¿Alguna vez has cometido un tremendo error? ¿Y qué hay de uno pequeño? Honestamente, todos lo hacemos todos los días. Algunos errores afectan a otros, algunos solamente a nosotros y nunca nadie sabe acerca de ellos. La Sagrada Escritura nombra a nuestros errores "pecado". El pecado es lo que nos separa de una relación con Dios.

Con gratitud todos podemos volcarnos a Jesús para que nos perdone todos los errores que cometemos y que nos separan de

Dios. Su libre obsequio de indulgencia es para todos.

No permitas que pase más tiempo antes de corregir tus errores.

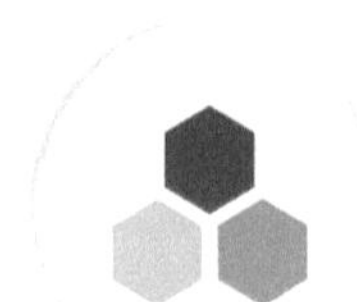

La Gran Imagen

Jeremías 29:11 *"Porque yo sé muy bien los planes que tengo para ustedes —afirma el Señor—, planes de bienestar y no de calamidad, a fin de darles un futuro y una esperanza."*

1998 fue la primera vez en veinte años que Irán se había clasificado para la Copa Mundial. Era una época de tensas relaciones con los Estados Unidos, dado que ambos países habían sido enemigos implacables desde que el Ayatollah Ruhollah Khomeini llegara al poder en 1979. Irónicamente, cuando los equipos fueron declarados contrincantes por sorteo al azar, Irán fue duramente criticado por jugar con los Estados Unidos.

Mientras se aproximaba el encuentro, el Presidente Clinton emitió declaraciones esperanzadoras señalando que el partido podría conducir al mejoramiento de las relaciones entre ambos países. Exactamente antes del partido, los jugadores de cada equipo intercambiaron regalos como un símbolo de paz y caballerosidad deportiva.

Aunque eran favoritos para ganar fácilmente, Los jugadores norteamericanos cometieron varios errores, permitiendo a Irán lograr una victoria de 2-0. Aún, hubo más en esa contienda que un triunfo Iraní. Los equipos demostraron que podían enfrentarse uno al otro y realizar un partido competitivo pero en paz.

Nosotros también tenemos que mirar el gran escenario. Nuestro enfoque no está en el éxito externo o en hacer dinero. Nuestro centro está dirigido a vivir una vida con propósito. Cuando busquemos el propósito que tiene Dios para nuestras vidas, estemos seguros que lo encontraremos. Y mientras vivamos en paz con nuestro Creador, podremos asimismo señalar a otros el camino de esperanza.

Examen de Fútbol

Lucas 10:25 *"En esto se presentó un experto en la ley y, para poner a prueba a Jesús, le hizo esta pregunta: 'Maestro, ¿qué tengo que hacer para heredar la vida eterna?' "*

¿Cuánto conocimiento tienes sobre el juego de fútbol? Examínate contestando a estas preguntas sobre un examen de fútbol.

1. ¿Cuál es el nombre más conocido de esta persona llamada Edson Arantes do Nascimento?
2. ¿En qué país tiene sus raíces el fútbol?
3. ¿Cuál es el único país en participar en cada Copa Mundial desde 1950?
4. ¿Cuántas millas corre un jugador promedio en un partido típico?
5. ¿Dónde se llevará a cabo la próxima Copa Mundial?

¿Cuán bien piensas que respondiste a estas preguntas? Verifica tus respuestas abajo.

Un letrado en la Biblia intentó probar a Jesús sobre la interrogante de la vida eterna.

El mayor examen de nuestra vida acontece cuando nuestro tiempo en esta tierra llega a su fin y se nos pregunta, ¿qué hicimos con la persona de Jesús? Hay solamente una respuesta correcta. Nuestra respuesta y cómo vivimos nuestra vida determinará nuestro destino eterno. Si podemos responder que El fue nuestro Salvador y Señor y vivimos nuestra vida para El, entonces recibimos la vida eterna con Dios. La vida eterna con Dios es lo que El desea para cada uno de nosotros.

Afortunadamente, Dios envió a Jesús para indicarnos el camino hacia El y prepararnos para el mayor examen de nuestras vidas. A todos se nos ha dado la respuesta. Solamente depende de nosotros si elegimos vivir nuestras vidas para Jesucristo.

1. Pelé
2. Inglaterra
3. Brasil
4. Entre 6-7
5. Alemania (2006)

Futuro y Esperanza

Jeremías 29:11-13 *"Porque yo sé muy bien los planes que tengo para ustedes —afirma el Señor—, planes de bienestar y no de calamidad, a fin de darles un futuro y una esperanza. Entonces ustedes me invocarán, y vendrán a suplicarme, y yo los escucharé. Me buscarán y me encontrarán cuando me busquen de todo corazón."*

Yo estaba en Jamaica como preparador invitado entrenando jugadores y preparándolos en su etapa final antes que comenzara su temporada. Mi permanencia estaba por terminar y solamente teníamos un solo partido de exhibición más en Kingston por jugar. El partido estaba en curso cuando nosotros que estábamos en la línea lateral y en el campo de juego, oímos un fuerte y horrendo estruendo. Aunque sucedió a varias cuadras del campo de juego, el estruendo se escuchó como si hubiese sido muy cerca. Los pensamientos que vinieron a mi mente me dijeron que nadie pudo haber sobrevivido. Y en la línea lateral, el cuerpo de entrenadores y los jugadores de reserva, todos estuvieron de acuerdo acerca de lo que mi mente estaba experimentando. Nadie dijo nada durante el descanso. Muchos quedaron en estado de shock y simplemente estaban contentos de estar a salvo y vivos mientras el estruendo hacía sentir la muerte.

Unos pocos momentos después que hubo finalizado el partido pudimos ver la licencia en el piso del vehículo. Estaba destruido. Ya no parecía un vehículo. Solamente pude pensar: ¡Qué desastre!

Siendo un entrenador invitado, se me pidió declarar unas pocas palabras antes de ir a abordar un avión con destino a Montego Bay para una reunión y luego regresar a los Estados Unidos. ¡Unas pocas palabras de despedida! ¿Qué podría decir después de tal desastre? Pude comunicar algunos puntos sobre entrenamiento y apreciación, pero mi mente estaba aún en la vida que se perdió en el accidente. Fueron dos semanas completas de entrenamiento y pude impactar a los jugadores no solamente en fútbol, sino además espiritualmente. Con todo el equipo y el personal de entrenamiento reunidos, un individuo preguntó si alguna vez el equipo me vería otra vez. Respondí: "Algunos sí y algunos no". Es como las personas en el accidente, ellos nunca supieron a qué desastre se enfrentarían hoy día.

No sabían que sería el último día de sus vidas en esta tierra. A ustedes, muchachos, Dios les depara un plan especial y es grandioso. Va más allá del fútbol.

Es Su diseño especial para ustedes y vuestra elección. Aquellos que lo siguen aquí en esta tierra un día estarán junto a El en el cielo. Esa es una gran promesa de Dios para ustedes. No elijan un camino que será vuestro desastre y vuestro final. Sencillamente, nunca se sabe cuando se acabará el tiempo. Confío en que estarán prestos a buscar al Hijo de Dios como su Salvador, porque si esa es la oración de vuestro corazón, de seguro los veré nuevamente un día. ¡Dios los bendiga!

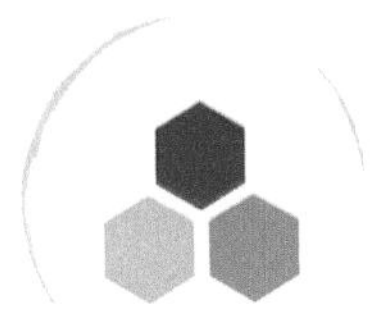

¿Cuánto Vales?

Mateo 6:26 *"Fíjense en las aves del cielo: no siembran ni cosechan ni almacenan en graneros; sin embargo, el Padre celestial las alimenta. ¿No valen ustedes mucho más que ellas?"*

En una de las transacciones más anticipadas que se hayan realizado,

David Beckham fue vendido del Manchester United al Real Madrid en $41 millones de dólares. Las camisetas del Real Madrid, portando su nombre y su nuevo número 23 se vendieron en Madrid durante el día en que se completó su transferencia y se esperaba que su nuevo club recibiría $748.000 por sus ventas. Al momento de su transferencia al Real M adrid, Beckham y su esposa estuvieron en un tour de una semana en el Lejano Oriente promocionando productos de belleza, chocolate, aceite para motor y teléfonos móviles que les proporcionarían un ingreso mayor que un año completo de contrato en el Real Madrid.

Imagina que tu valor fuese el pago de $41 millones por tu talento o por tu "imagen", ganando cientos de miles de dólares por ventas de camisetas.

Tengo buenas noticias para ti. Vales mucho más que $41 millones de dólares. Jesucristo pagó mucho más que dinero para enseñarte cuánto El te valora. Fuiste valorado por cada gota de sangre que derramó en la cruz dando su vida por ti. Fuiste tan valorado para El que dio toda su vida, sufriendo terribles golpes, burlas y ser clavado en una cruz, ¡por TI!

Cada persona que conoces, tus compañeros de equipo, vecinos y amigos valen la misma cantidad para Jesucristo. Tú eres valioso para El. Necesitamos valorarnos unos a otros del mismo modo. Enseña a otros su valor en la manera como los tratas. Demuestra a tus amigos no Cristianos cuánto Jesucristo los valora, tomándote tiempo hoy día para compartir a Jesús en forma práctica.

Tú fuiste valorado y ellos también lo son.

La Fuente de la Victoria

Proverbios 21:31 *"Se alista al caballo para el día de la batalla, pero la victoria depende del Señor."*

En su primera aparición para la Final de la Copa del Mundo, Senegal fue la sensación sorpresa de la Copa Mundial del 2002. No solamente llegó a la final, sino que también fue el único equipo africano que pasó la etapa de su grupo. Valientemente perdieron 1-0 durante el tiempo adicional frente a Turquía en los cuartos de final.

Sin embargo, su trayecto a los cuartos de final no fue siempre fácil. El rey imperante de todo el fútbol, Pelé, recalcó antes del campeonato: "Senegal es el equipo más débil del torneo". Además tuvieron que luchar contra el estigma de estar por primera vez en las Finales de la Copa del Mundo. No era un camino fácil.

Pero perseveraron contra los desafíos y a la final valió la pena. Si no hubiese sido por el arduo trabajo, las desilusiones a lo largo del camino y la intensa preparación, no hubiesen podido dar una esperanza a todo un continente por lo imposible.

¿Cómo va tu ascensión hacia la cima? Sin duda has tenido o tendrás contratiempos. La Biblia nos dice que debemos entrenar y hacer lo mejor, mas en última instancia la victoria proviene de Dios. En medio de tu entrenamiento y lucha hacia la marca de excelencia, nunca olvides que al final es Dios quien otorga tu victoria. Confía en El para lograr tu victoria hoy día.

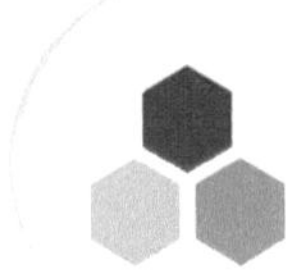

El Escenario del Mundo

Mateo 5:16 *"Hagan brillar su luz delante de todos, para que ellos puedan ver las buenas obras de ustedes y alaben al Padre que está en el cielo."*

Cuando Asia fue azotada por un tsunami devastador, el mundo acudió en la ayuda de esa gente. Se donaron millones de dólares además de suministros médicos, ropa y alimentos. Rescatistas y personal médico se dirigieron al Asia para otorgar su tiempo y experiencia. Este acontecimiento y la respuesta mundial estuvieron en el escenario mundial. Todo el mundo estaba observando el despliegue de los acontecimientos y todos parecían participar de un modo u otro, incluso a través de la oración.

Los jugadores del fútbol mundial incluso acordaron reunir 3 millones de dólares para el alivio del tsunami. Jugadores como Ronaldinho, Zinedine Zidane, Samuel Eto'o, Henry Camara e Iker Casillas se juntaron para jugar en el partido benéfico de "todas las estrellas".

La popularidad del fútbol y la oportunidad de ayudar a una gran necesidad vinieron juntas.

A un nivel mucho menor, pero no menos importante está la oportunidad de que tengas la popularidad del fútbol y ayudar a satisfacer una gran necesidad, la necesidad de la gente de un salvador, Jesucristo.

Debido al interés común del fútbol y la habilidad de romper barreras culturales, tienes la oportunidad de producir un impacto en el escenario mundial directamente desde casa.

Déjame animarte en usar tus dotes para el fútbol con el propósito de lograr y establecer relaciones con aquellos que te rodean y que solamente podrían acercarse a través del interés común del fútbol. Algunos nunca entrarán a una iglesia por cualquier razón, pero se pasarán el balón a tu alrededor, participarán en un torneo, entrarán en una liga o asistirán a un campamento clínico.

Tus buenas obras a pequeña escala son precisamente tan importantes como las obras más grandes visibles a todo el mundo.

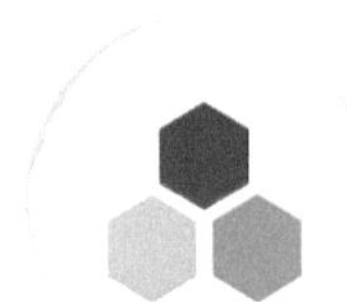

Dolorosamente Decepcionado

Proverbios 3:5-6 *"Confía en el Señor de todo corazón, y no en tu propia inteligencia. Reconócelo en todos tus caminos, y él allanará tus sendas."*

¿Alguna vez te has decepcionado de la gente en quienes más confiabas? ¿Alguna vez has sentido el dolor devastador del desprecio mientras los amigos, la familia, compañeros de trabajo y de equipo son incapaces de apoyarte en los momentos de mayor necesidad? Steve Morrow lo ha sentido y ¡tiene las cicatrices para demostrarlo! Habiendo logrado el gol que coronó al Arsenal en 1993 en la Liga de Campeones de Inglaterra, fue lanzado alto en el aire por sus jubilosos y agradecidos compañeros de equipo. Desafortunadamente para Steve, los mismos que lo lanzaron a lo alto en sus momentos de euforia fueron los que fracasaron en sostenerlo su descenso. Lo lanzaron hacia arriba solamente para dejarlo caer (literalmente) y Steve se halló siendo sacado fuera del campo de juego, en una camilla, con un brazo quebrado y una máscara de oxígeno en su rostro.

La historia de Steve Morrow nos proporciona una ilustración perfecta de cuán cambiante es poner nuestra confianza completamente en la gente. A menudo nos desilusionamos por su falta de integridad o por su incapacidad de identificarse con nuestra situación actual. Van en contra de nosotros sin justificación y dañan nuestra reputación. Fallan en sus obligaciones y responsabilidades. En suma, demuestran las mismas debilidades humanas que nosotros exhibimos pero que sin embargo condenamos en los demás.

Afortunadamente tenemos un Salvador en quien confiar en todo momento y en todas las circunstancias. Cuando los demás caen bajo, Jesucristo permanece en lo alto y cuando nuestra vida se ve asolada por las actitudes y acciones de aquellos que nos rodean, Jesús calma nuestra tormenta y nos recuerda que El nunca nos olvidará ni abandonará.

¿Estás herido hoy día debido a la opinión pública o las relaciones tensas? Como Steve Morrow, has estado decepcionado y has sufrido sin tener la culpa, ¡Jesucristo está listo y esperando a levantarte, abrazarte y probar que El mismo es un amigo verdadero y de confianza!

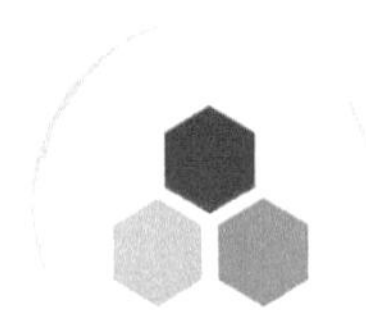

Cambio de Lealtades

Hechos 26:17-18 *"Te libraré de tu propio pueblo y de los gentiles. Te envío a estos para que les abras los ojos y se conviertan de las tinieblas a la luz, y del poder de Satanás a Dios, a fin de que, por la fe en mí, reciban el perdón de los pecados y la herencia entre los santificados."*

Recientemente, la FIFA realizó un cambio en el reglamento señalando que permitiría a los jugadores cambiar sus lealtades nacionales, permitiéndoles comenzar una nueva carrera después de haber previamente representado a otro país a nivel juvenil. El cambio en las reglas les ha permitido a tales jugadores como al ex capitán de la sub-21 de Inglaterra, Ben Thatcher, representar al Welsh Internacional y a Tim Cahill del Everton representar a Australia, donde nació. Dado este escrito, veinte países, incluyendo Irlanda, Gales, Australia, Venezuela y varios países africanos se han beneficiado de este cambio en las reglas.

En el libro de Los Hechos en la Biblia, Jesús envió a los discípulos a compartir con la gente la oportunidad que tenían de cambiar sus lealtades espirituales, de la oscuridad a la luz y del poder de Satanás a Dios. ¿Estás listo para un cambio de "carrera"? ¿Has estado sirviendo a la persona o cosa equivocada? Ha llegado la hora de cambiar las lealtades.

Por medio de un cambio de reglas de la FIFA los jugadores pueden cambiar sus lealtades nacionales. Debido a lo que Jesús hizo en la cruz, nosotros podemos cambiar lealtades, de una vida de pecado, de desesperación y desesperanza, a una vida de gozo, paz y perdón en Cristo.

¿A quién prometes tu lealtad? ¿Es a Cristo o para alguien más? Si no es a Cristo y comienzas a jugar para un nuevo equipo puedes tomar la decisión hoy día para cambiar tu lealtad hacia El.

Control de la Ira

Proverbios 29:11 *"El necio da rienda suelta a su ira, pero el sabio sabe dominarla."*

Un aviso publicitario de fútbol una vez bromeó: "1966 fue un gran año para el fútbol inglés... ¡nació Eric Cantona!" Aclamado como un genio del fútbol por su magnífica destreza, visión maravillosa y goles excepcionales, Cantona era considerado por muchos como el jugador de fútbol más influyente en Inglaterra durante los años 90. Era idolatrado en el Manchester United y venerado como "Eric el Rey". De un total de 181 participaciones para el United, Cantona marcó 80 asombrosos goles, ganó dos veces la ansiada Copa FA y la Premier League 4 veces. En 1994, Cantona obtuvo el reconocimiento de sus colegas profesionales ganando el premio como el Jugador del Año, de la Asociación de Jugadores de Fútbol (AJF) y en 1996, por votación de la Asociación de Escritores de Fútbol, ganó el premio de Futbolista del Año. Cantona siguió liderando a su país (Francia), logrando 19 goles en 45 presentaciones entre los años 1987 y 1994. A sus 30 años, luego de ganar el título por el Campeonato de Primera Liga en 1977, Eric Cantona anunció su retiro del fútbol profesional, dejando así el juego en la cúspide de su carrera, prefiriendo ser recordado como un ganador más bien que un jugador entrando en años que dejó atrás lo mejor de sí.

Y aún los recuerdos de Eric Cantona no se limitan solamente al campo de juego. Pocos olvidarán alguna vez la infame "Patada Kungfú" en enero de 1965, cuando el inestable francés saltó a la multitud y propinó un par de golpes a un partidario del Cristal Palace quien supuestamente había vociferado insultos raciales y lanzado proyectiles a Cantona ya con tarjeta roja mientras abandonaba el campo de juego. A la estrella del United se le impuso una multa de 20.000 libras esterlinas, fue despojado de ser capitán del equipo

French Nacional y perdió su posición de lateral. Además, recibió una prohibición mundial de jugar al fútbol durante 9 meses y fue sentenciado a 2 semanas en prisión (luego reducidas a 120 horas de servicio a la comunidad).

Menos conocido, pero no menos que una clara señal de un carácter defectuoso sucedió cuando Cantona insultó al director del equipo Nacional Francés por televisión en 1988 y se le prohibió estar junto al equipo Nacional durante un año. Además, mientras jugaba para el Nimes, antes de pertenecer al United, lanzó el balón a un árbitro y se le castigó por tres partidos. En los juicios disciplinarios que siguieron, Cantona se enfrentó a 3 miembros del FA Francés y les gritó "idiota" en la cara de cada uno de ellos, provocando otra prohibición, esta vez por dos meses.

Sin duda, el retiro de Eric Cantona del fútbol dejó un vacío que tal vez nunca haya sido llenado. Y sin embargo, su atribución de grandeza ha sido opacada por los actos de insolencia, violencia, irrespeto y de ira. Su naturaleza rebelde y su incapacidad de controlar su lengua y su temperamento, han ensombrecido el brillo y resplandor de una carrera de juego. De hecho, mientras el mundo del fútbol aclama los logros de Cantona y se inspira por su talento extraordinario, Las Escrituras lo denominan "insensato" por su falta de auto control en momentos de frustración, ira e insultos. En verdad, un duro comentario para un hombre que dio tanto al juego del fútbol pero que sin embargo careció de inteligencia para mantener la calma en circunstancias difíciles.

La vida presenta muchos desafíos para los cristianos, no menos que el llamado a la semejanza con Cristo durante tiempos de discordia y conflicto. Tenemos que mantener nuestro auto control y demostrar la sabiduría de Dios para tratar a la gente que está en contra de nosotros o que difiere en nuestros puntos de vista. No tenemos que pagar violencia con violencia y deberíamos aprender a "dar la otra mejilla" cuando estemos soportando una ráfaga verbal. Aunque el contraataque fuese tentador, el cristiano tiene que pedir a Dios Su fortaleza para que nos guíe en aquellos momentos en que la reacción más fácil sería ponerse a la misma altura que el opresor en vez de situarse por encima de él.

¿Cuál es la opinión que Dios tiene de ti? ¿Te consideras sabio en tus reacciones frente a las vicisitudes que nos depara la vida, o insensato al proyectar tu ira exactamente como lo hizo Eric Cantona? Opta por la sabiduría... ¡para tu beneficio y el beneficio de los demás!

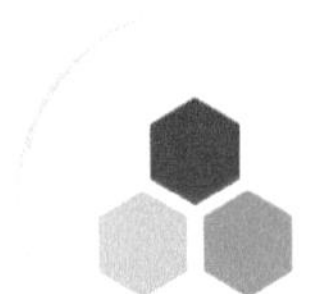

Escuela de Fútbol de El Salvador

Salmo 1:1-3 *"Dichoso el hombre que no sigue el consejo de los malvados, ni se detiene en la senda de los pecadores ni cultiva la amistad de los blasfemos, sino que en la ley del Señor se deleita, y día y noche medita en ella. Es como el árbol plantado a la orilla de un río que, cuando llega su tiempo, da fruto y sus hojas jamás se marchitan. ¡Todo cuanto hace prospera!"*

No siendo conocido por sus éxitos futbolísticos, el país de El Salvador ha anunciado su plan de abrir una academia de fútbol con 200 jugadores juveniles. Su meta es la de ayudar a su país en llegar a ser un aspirante a la Copa Mundial nuevamente.

En el intento de clasificarse para la Copa Mundial del 2006, El Salvador ganó solamente uno de seis partidos en la ronda final de la CONCACAF. Fracasaron en anotar un gol en las últimas cinco.

El Salvador espera producir hasta 40 jugadores potenciales a nivel profesional cada año.

Algunas veces se necesita una dedicación de día y noche para producir lo que deseamos.

¿Deseas crecer como cristiano? ¿Te gustaría que tu caminar con Dios fuese más cercano? ¿Deseas que Dios te utilice de manera más amplia?

David dice en los Salmos que él se deleita en la ley de Dios y medita en ella día y noche. Los resultados para cualquiera de nosotros en hacer esto son los siguientes: Seremos como árboles firmemente plantados, cerca de arroyos de agua, portando frutos, sin morir y prosperando en todo lo que hagamos.

El resultado natural de tomarnos tiempo con la palabra de Dios, pensando en ella, aplicándola a nuestras vidas, es que portaremos fruto, seremos cristianos productivos y Dios nos empleará de vastas maneras, más allá de nuestras expectativas.

Exactamente como el país de El Salvador que está concentrando su atención en el entrenamiento de sus jugadores para mejorar sus esperanzas en la Copa Mundial, de un modo similar nosotros podemos concentrar nuestra atención en nuestra vida espiritual para llegar a ser cristianos más verdaderos.

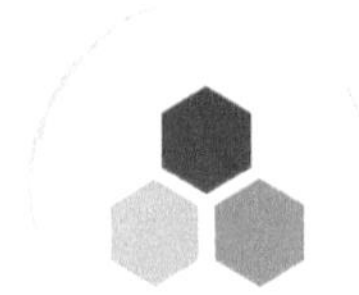

El Lenguaje Internacional

Filipenses 4:7 *"Y la paz de Dios, que sobrepasa todo entendimiento, cuidará sus corazones y sus pensamientos en Cristo Jesús."*

El fútbol a menudo ha sido llamado "el lenguaje universal", un deporte que sobrepasa todas las fronteras políticas, económicas y sociales,

rompiendo todas las barreras raciales, la geografía, e incluso las tragedias de la historia mundial. Los países se olvidan de pelear por un momento. Los jóvenes se sientan fascinados... soñando con la posibilidad de vestir esa indumentaria. Los fanáticos bailan y cantan, repitiendo canciones a lo largo del estadio. Todos esperan con anticipación el gol decisivo. Los estadios estallan en aplausos mientras los jugadores despliegan sus habilidades y el barrio de la esquina se torna en una escena de parloteo y de miles de opiniones.

Tanto las ciudades pequeñas como las grandes quedan abrumadas por una sensación de desolación, mientras los negocios desvergonzadamente cuelgan sus letreros de "cerrado".

El cristianismo tiene un efecto similar en el mundo. Deambulan por la vida corazones solitarios, vacíos, sin darse cuenta de cómo sería el futuro con Jesucristo como su amigo y salvador. Transformarse en cristiano no está reservado a ciertas nacionalidades o gente con ciertos antecedentes, es una oportunidad internacional. Así como en el fútbol, existen altos y bajos, victorias y derrotas en el juego de la vida. Sin embargo, como cristiano tienes la oportunidad de vivir esa vida con una paz que sobrepasa todo entendimiento.

Escándalo en el Fútbol Alemán

Hebreos 13:5 *"Nunca te dejaré; jamás te abandonaré."*

Mientras escribo, se están realizando en Alemania los preparativos para la Copa Mundial del 2006. Al mismo tiempo viene desarrollándose un serio escándalo con árbitros y jugadores que están siendo investigados por arreglar partidos por dinero. Este es el peor escándalo del fútbol alemán en más de 30 años y ha perjudicado a la institución futbolística de los países.

A pesar de esto u otros escándalos del fútbol, realmente, ¿nos afectará a quienes amamos este juego? Millones de personas en toda la tierra continuarán jugando al deporte más estupendo del mundo. No nos detendremos en jugar ni dejaremos de amar al juego por unos pocos que han hecho trampas.

La iglesia y el cristianismo también comparten su buena parte de escándalo. Sin embargo, a diferencia del fútbol, la gente usa los escándalos dentro de la iglesia como una excusa para dejar de asistir o de crecer en su fe. Otros, que aún son creyentes, usan los escándalos como una excusa para evitar cualquier compromiso con la iglesia o cristianismo, catalogando a todos los que se asocian a la iglesia de hipócritas.

Si te hallas en ese lugar, o si alguna vez te encuentras allí, por favor recuerda, la gente te fallará. Deja que tu fe tenga su base en tu relación con Dios, no en el hombre. De ese modo, cuando surjan los escándalos, tu fe estará enraizada y fundamentada en El. Asimismo, dado tu amor a Dios, seguirás adelante, creciendo continuamente en tu fe. Nosotros seguimos jugando al fútbol porque lo amamos, a pesar de los escándalos. Del mismo modo, mantén firme tu fe en Dios porque lo amas, a pesar de los escándalos.

El corazón de un Futbolista

Proverbios 27:19 *"En el agua se refleja el rostro, y en el corazón se refleja la persona."*

El juego del fútbol no tiene rival cuando de pasión se trata. La pasión, ejemplificada por los jugadores cuando se ha anotado un gol, o por los coloridos hinchas que corean consignas y cantan horas antes del partido.

Esta pasión proviene del corazón.

En el Camp Nou, el mundialmente renombrado estadio en Barcelona, España, Rivaldo, con una brillante zambullida de cabeza, anota gol y rápidamente poniéndose de pie lo celebra en el azul escenario de Barcelona. Al mismo tiempo, 9,000 millas hacia el oeste, en Guadalajara, Méjico, al otro lado del Océano Atlántico, un niño de trece años corre hacia la línea lateral seguido de sus compañeros de juego después de haber anotado el gol del triunfo para el equipo de su colegio. Los sucesos, en escala diferente, son iguales en aquellos corazones de los jugadores. Frente

a ese mismo corazón se halla Dios golpeando para entrar. Apocalipsis 3:20 señala: "He aquí, yo estoy a la puerta y llamo: si alguno oyere mi voz y abriere la puerta, entraré a él, y cenaré con él, y él conmigo."

Entrenador del Perú

2 Timoteo 3:16 *"Toda la Escritura es inspirada por Dios y útil para enseñar, para reprender, para corregir y para instruir en la justicia."*

El club peruano Cienciano recientemente trajo de regreso al instructor uruguayo Daniel Jurado, quien entrenó al club entre el 2001-2002, y se dice que él ha sembrado las semillas del éxito durante el tiempo que lo dirigió al ganar el único trofeo internacional, la Copa Sudamericana, en el 2003.

Todos los equipos desean tener al mejor entrenador, aquel que pueda conducirlos hacia la victoria, juntar a los mejores jugadores y crear el éxito.

El Cienciano contrató al instructor que pensaron les traería ese éxito. Después de todo, muchos estimaron que él les dio lo que necesitaban para ganar su primer trofeo internacional.

En nuestro caminar cristiano, también necesitamos un instructor, alguien quien nos guíe y nos conduzca hacia la victoria. Como cristianos, ese instructor es Dios y el reglamento de juego es la Biblia. Contiene todo lo que necesitamos para la formación espiritual e instrucción en la virtud. Dios nos cuida y nos ama y desea llevarnos hacia la victoria en nuestras vidas.

Para alguno que esté leyendo esto, es posible que no haya tenido nunca a Dios como el instructor de su vida. Para otro, como este club peruano que reinstauró a un instructor del pasado, pudo haber tenido a Dios por un momento, pero luego lo retiró de su vida. En ambos casos, tú necesitas a Dios como instructor, tanto como si fuese la primera vez o como reinstaurarlo en tu vida. Humildemente conversa con El y pídele que sea tu instructor, te conduzca y guíe, te forme e instruya. Luego, júntate con otros que también hayan tomado esta decisión para que puedan crecer juntos.

Un Viejo León

Jeremías 29:11 *"Porque yo sé muy bien los planes que tengo para ustedes —afirma el Señor—, planes de bienestar y no de calamidad, a fin de darles un futuro y una esperanza."*

Roger Milla amaba el fútbol. A medida que su técnica se desarrollaba, fue reconocido por su destreza y se registró en su primer club a la edad de trece años. ¿Cómo pudo esa gran etapa hallarse tan lejana?

Sin embargo, realmente nunca se retiró. Finalmente, en 1978, Roger formó parte del equipo ganador de Camerún en las finales de la copa Mundial. Su carrera finalizó poco tiempo después, o así lo pensó él.

Tiempo después, recibió una llamada telefónica del presidente de su país solicitando su ayuda.

Pelé, como mejor se le conoce, surgió de su retiro, su carrera se reinició. Condujo a Camerún hacia los cuartos de finales de la Copa Mundial de la FIFA- sin precedentes para un equipo africano. Pelé ostenta muchos record en su deporte, se ha hecho un héroe humanitario nacional.

A través de los años de desaliento, Pelé pudo no haberse dado cuenta lo que Dios tenía en mente para su vida. Otros podrían haberlo considerado algo así como un fracaso o por lo menos, poco exitoso. No fue sino hasta que se le llamó a salir de su retiro, a la edad de 38 años, cuando dejó su marca en el juego. Sin embargo, Dios tenía un plan para él desde el comienzo... al igual que lo tiene para ti. No importa cómo pueda parecer tu vida ahora, piensa que Dios tiene un propósito para ti. Puedes poner tu confianza en El.

La Mano de Dios

Deuteronomio 5:15 *"Recuerda que fuiste esclavo en Egipto, y que el Señor tu Dios te sacó de allí con gran despliegue de fuerza y de poder. Por eso el Señor tu Dios te manda observar el día sábado."*

En la copa Mundial de 1986, Diego Maradona, de Argentina, electrizó al mundo con su talento, rapidez y su habilidad para anotar goles. A la edad de sólo 17 años, anotó más goles que nadie y finalmente condujo a Argentina a un campeonato de la Copa Mundial. En el tercer partido del torneo, Argentina se enfrentó a Inglaterra, otro poderoso equipo de casa supuesto a hacer revuelo ese año. Al momento de entrar un tiro cruzado desde la izquierda en el minuto 98, Maradona saltó para tocar el balón justamente antes que lo hicieran los brazos extendidos de Peter Shilton, el renombrado arquero de Inglaterra. En una fracción de segundo, Maradona, dándose cuenta que el balón estaba fuera del alcance, rápidamente estiró su brazo derecho y redirigió la pelota hacia la red con su puño. Los árbitros, ocultos de la jugada, la perdieron y el gol se mantuvo, mientras los jugadores sofocaban a Maradona celebrando. Más tarde, las fotografías confirmarían que hubo mano y el gol llegó a conocerse como la mano de Dios.

Aunque este evento importante no es de naturaleza bíblica, podemos ciertamente hallar paralelos en nuestro transitar cristiano. ¿Cuántas veces hemos tratado de seguir el trayecto por nuestra propia cuenta? O tal vez algunos de ustedes siempre han confiado en sí mismos y nunca han sentido la necesidad de contar con Dios. Cuando buscamos a Dios, nuestras vidas son bendecidas. En la guía de estudio "Saber y Hacer la voluntad de Dios", de Blackaby, se perfilan cuatro sitios para buscar la voluntad de Dios y el plan perfecto para nuestras vidas: la iglesia, a través de circunstancias, la oración y la Biblia. Estos cuatro ingredientes, cuando se consideran juntos, nos ayudan a comprender la voluntad de Dios para nuestras vidas. A medida que comienzas a seguirlo y hacerlo parte de cada decisión en tu vida, algún día mirarás hacia atrás asombrado al darte cuenta cómo la mano de Dios te condujo a donde te encuentras hoy día.

Pelea la Buena Batalla

1 Timoteo 6:12 *"Pelea la buena batalla de la fe."*

Desafortunadamente, a menudo todos leemos titulares como

"Por lo menos 15 muertos en Disturbios del Fútbol Sirio", "Gamberrismo en el Fútbol Europeo". Las pasiones y el enojo de los hinchas quedan fuera de control y estallan peleas o disturbios con consecuencias mortales.

Estas peleas no son buenas. Están basadas en la rabia, la envidia y el resentimiento. Algunas se manifiestan debido a asuntos no resueltos sobre rivalidades entre equipos e incluso entre países.

Pablo, en el libro 1° de Timoteo, en la Biblia, anima a su 'hijo' en el credo a pelear la ' buena batalla de la fe.' No se estaba refiriendo a la batalla física sino a una lucha por la fe, una batalla para permanecer en la fe.

La Escritura usa las palabras lucha, armadura y batalla para simbolizar nuestras batallas espirituales entre el bien (Dios) y el mal (Satanás).

La última línea se refiere a que hay una batalla por nuestras almas. La voluntad de Dios es que vivamos para El, mientras que Satanás solamente desea destruir nuestras vidas.

Tú necesitas 'luchar' para permanecer espiritualmente puro. No te dejes llevar por lo fácil a través de la vida, prepárate para la 'batalla'. ¿Cómo? Asegúrate en orar y leer la palabra de Dios cada día. Memoriza y medita acerca de las Escrituras. Hazte responsable frente a los demás, frente a grupos pequeños o amigos cercanos. Comulga con otros cristianos que te ayudarán y alentarán en tu camino con Cristo. Busca la ayuda de tus amigos y de Dios cuando se presente la tentación. Todo esto son cosas que tú puedes hacer para ayudar a protegerte en la 'batalla' por tu alma.

FÚTBOL PARA LA ESPERANZA

Efesios 2:10 *"Porque somos hechura de Dios, creados en Cristo Jesús para buenas obras, las cuales Dios dispuso de antemano a fin de que las pongamos en práctica."*

El 26 de diciembre del 2004 fue un día trágico. Más de 200.000 personas perdieron sus vidas en el tsunami devastador que produjo el Océano Indico. Muchos se quedaron sin sus seres amados, sin hogares, sin trabajos. Las víctimas quedaron en riesgo de exposición a las epidemias. Alrededor del mundo la gente lloraba la muerte... y trataba de ayudar.

El 15 de febrero del 2005 fue un día de victoria. En ese día los mejores futbolistas del mundo se juntaron con el propósito de juntar dinero para las víctimas de la tragedia del tsunami. El partido benéfico, "Fútbol Para la Esperanza", juntó a estrellas de varios equipos y países para lograr un encuentro que soñarían los aficionados. Ronaldo, Henry, Beckham, Zidane... los mejores del mundo se reunieron, no para ir más lejos en sus carreras o ganar dinero para sí mismos, sino que libremente donar su tiempo y esfuerzo para reunir casi $10 millones para el Fondo de Solidaridad del Tsunami.

¿No tenían estos jugadores nada mejor que hacer con su tiempo y talento? Aparentemente no pensaban así. Veían un propósito mayor en ellos mismos, una meta muy deseable que va más allá del fútbol. Cada uno de nosotros tenemos un objetivo que va más allá de nuestros trabajos o de nuestros pasatiempos. Fuimos creados con un propósito mucho mayor que solamente vivir para nosotros. Permite que el Señor te indique Su propósito para ti. Permítele establecer el objetivo...luego, ve por él con todo lo que posees.

La Copa por la Paz

Romanos 12:18 *"Si es posible, y en cuanto dependa de ustedes, vivan en paz con todos."*

Existe algo en el juego del fútbol que lo hace ser más que solamente otro deporte. El fútbol parece juntar a la gente de un modo que no lo hacen otros deportes. Por ejemplo, veamos La Copa por la Paz.

Año por medio se realiza un campeonato que atrae a clubes y campeones de diferentes naciones. Vienen jugadores de Holanda, Corea, los Estados Unidos, Argentina y Francia entre otras naciones. Vienen juntos, no a promoverse ellos mismos ni a sus naciones o equipos, sino a promover la paz. ¿La paz mundial a través del fútbol? Esa es la idea.

"El objetivo del campeonato es presentar y propagar la visión de paz y la cultura en el mundo a través del fútbol," ha dicho el presidente de la Copa por la Paz, Reverendo Chung Hwan Kwak. Los beneficios aportados por los partidos se usan para fomentar las esperanzas y sueños de la gente joven en los países del Tercer Mundo.

Posiblemente no estés jugando por la Copa por la Paz este año. Sin embargo, de acuerdo a las Escrituras, tus acciones son igualmente significativas. Mientras vives cada día, busca la paz con todos los que te rodean. Camina con la paz que solamente Cristo te puede dar y te hallarás compartiendo esa paz con los demás.

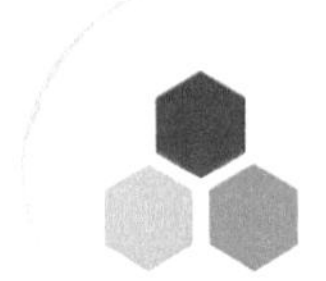

Perdido en Suiza

Marcos 8:36 *"Porque ¿qué aprovechará al hombre, si granjeare todo el mundo, y pierde su alma?*

Oíste alguna vez lo que le sucedió a Paolo Diogo? Mientras celebraba un gol para su equipo suizo, a este jugador portugués se le trabó su anillo de matrimonio en una reja. Al saltar al suelo se le desgarró la punta de su dedo. Debió estar extremadamente emocionado, dado que antes de darse cuenta de lo que le había sucedido, el árbitro emplazó a Paolo por celebrar excesivamente. Posteriormente, Paolo comentaba cuando tomó conciencia de lo que había acontecido y su mano le comenzó a doler "terriblemente". El dedo fue hallado, pero los doctores no pudieron fijarlo en su lugar y sugirieron la amputación del resto del dedo. Paolo lo tomó todo con calma diciendo, "Así es que tengo que vivir con un dedo menos."

Bien, así que perder un dedo probablemente no es gran cosa (digo esto porque todos mis dedos están intactos). Pero, ¿Y si pierdes tu alma? La Biblia deja en claro, que ganar el mundo pero perder tu alma, no es una situación en la que quisiéramos hallarnos. Obtener bienes materiales, status y todas las cosas que el mundo dice que deberíamos tener para ser importantes o exitosos, mientras ignoramos lo más importante en nuestras vidas, una relación con Dios, no vale la pena. Cuando muramos, no podremos llevarnos nada. Solamente nuestra alma (espíritu) seguirá viviendo. ¿Vale realmente la pena perder tu alma por un status temporal, bienes materiales o el éxito mundano? Pienso que no.

Examina tu vida hoy día. ¿Estás perdiendo tu alma, o estás haciendo de la relación con Dios lo más importante?

www.ingramcontent.com/pod-product-compliance
Ingram Content Group UK Ltd.
Pitfield, Milton Keynes, MK11 3LW, UK
UKHW040003200726
13854UKWH00001B/5

9 781581 581973